Galerie in der Töpferstube,
Postfach 6728 · 8700 Würzburg
© Flamingo Verlag Weinheim 1988
Alle Rechte vorbehalten
Einbandgestaltung von VINCENTH
Typografie, Herstellung. R. Höchst, Dießen
Gesamtherstellung Fotolito LONGO AG
Printed in Italy

ISBN 3-924561-00-1

DER HASE LEOPOLD

Die wahre Geschichte
von einem,
der drei gute Freunde hat.

Weit hinten im Tal, am Fuße des großen Berges, leben der Bär, der Fuchs, der quergestreifte Panther und auch der Hase Leopold.

Es sind die letzten warmen Sommertage, und die Blätter an dem großen Baum werden von Tag zu Tag bunter. Bald wird das Laub die Wiese bedecken und der Winter Einzug halten.
Leopold seufzt und murmelt vor sich hin: »Es wird Zeit, für den kommenden Winter im Wald Holz zu sammeln.«

Er macht sich auf den Weg und kommt an dem großen Baum vorbei, der mitten auf der grünen Wiese steht. Das ist sein Lieblingsplatz, und genüßlich läßt sich Leopold im warmen Gras nieder. Ein bißchen zwickt ihn schon das schlechte Gewissen. »Aber: Morgen ist auch noch ein Tag«, denkt er, »und außerdem sehe ich keinen Winter, soweit das Auge reicht.«

Nach einer gemütlichen Weile kommt der Bär des Weges und fragt Leopold: »Was machst du denn da?«

Leopold sagt: »Siehst du nicht, ich zaubere.«

»Du liegst faul im Gras und schläfst«, brummt der Bär, »und das nennst du zaubern?«

»Hör mal, Bär, du siehst doch, daß ich zaubere. Eigentlich sollte ich im Wald sein und Holz sammeln, weil im Kalender steht, daß der Winter bald kommt. Wie du aber siehst, bin ich weder im Wald, noch sammle ich Holz. Also zaubere ich.«

Darauf meint der Bär: »Stimmt, Holz sammelst du nicht« – und nach einer Weile: »Kannst du mir denn auch etwas zaubern?«

»Alles, was du willst, Bär, du brauchst es nur zu sagen.«

»Warme Winterstiefel könnte ich schon gebrauchen.«

Leopold aber schüttelt so heftig den Kopf, daß seine langen Hasenohren hin- und herfliegen, und sagt:
»Aber Bär, jedes kleine Kind weiß doch, daß man warme Winterstiefel nur an Donnerstagen nach sechs Uhr zaubern kann. Tut mir wirklich leid.«

»Ach so, nur donnerstags nach sechs Uhr, schade«, brummt der Bär, nimmt seinen Korb und geht weiter in Richtung Wald, um Holz zu sammeln.

Am nächsten Morgen sagt Leopold:
»Heute geh' ich ganz bestimmt Holzsammeln,«
und macht sich auf den Weg.

Und wieder scheint die Sonne so verlockend, und so kommt es, daß er, beim großen Baum angelangt, alle guten Vorsätze vergißt und sich auf seinem Lieblingsplätzchen niederläßt.

Als er so vor sich hindöst, kommt sein Freund, der quergestreifte Panther, vorbei.

»Leopold, kommst du mit? Ich muß für den Winter Holz holen, damit ich es dann auch schön warm in meiner Stube habe.«

»Ich kann jetzt nicht weg«, sagt Leopold, »ich muß hierbleiben und aufpassen, daß die Sonne fest scheint. Das ist viel wichtiger als Holzsammeln. Wenn man fest daran glaubt, daß die Sonne immer warm scheint, braucht man kein Holz. Geh' nur alleine.«

Ein wenig traurig, weil Leopold nicht mit ihm kommen will, setzt der quergestreifte Panther seinen Weg fort: »Mach's gut«

Leopold glaubt ganz fest daran, daß die Sonne immer so schön warm sein würde und kuschelt sich nun jeden Tag unter den großen Baum auf der grünen Wiese.

Einige Tage später kommt auch der Fuchs vorbei. Leopold war gerade aus einem Schläfchen erwacht. Am liebsten hätte sich der Fuchs auch zu Leopold in das warme Gras gelegt, aber er

ist auf dem Weg in den Wald, um Brennholz für den Winter zu sammeln.
»Mußt du kein Holz holen, damit du dir im Winter eine warme Suppe kochen kannst?« fragt der Fuchs.
Da steht Leopold auf, schaut nach links und schaut nach rechts, dreht sich einmal um sich herum und sieht den Fuchs an: »Winter? Ich sehe keinen Winter.«

Dann macht er mit beiden Vorderpfoten einen Trichter, in den er ganz laut: »Haalloooo Wiiinter« ruft.

Danach ist es wieder ganz ruhig.
»Hörst du einen Winter? – Na also, nichts, und außerdem kann ich warme Suppe nicht ausstehen.«

Da ist der Fuchs doch ein wenig beleidigt, denn sehen kann man den Winter wirklich noch nicht. Aber wie jedes Kind weiß er ganz genau, daß der Winter wie in jedem Jahr kommen wird.

Die folgenden Tage werden nun immer kürzer, und die Sonne scheint auch nicht mehr so warm. Eines Morgens ist es dann soweit. Noch etwas verschlafen reibt sich Leopold die Augen und schaut aus dem Fenster: Es schneit, es schneit ganz fürchterlich!

Leopold hat es nun ganz schrecklich eilig, sich anzuziehen und hinauszulaufen. Nicht etwa um einen Schneemann zu bauen, nein, in den Wald läuft er, so schnell ihn seine langen Beine tragen, um Holz zu holen.
Dort ist aber alles mit einer dicken weißen Schneedecke überzogen, er kann kein Zweiglein mehr finden.

Nun ist der Winter doch gekommen, und Leopold sitzt in seiner kalten Stube am kalten Ofen und friert. Sein Bauch beginnt zu knurren, und er träumt von einer schönen warmen Suppe. Ihm ist ganz jämmerlich zumute.

Da klopft es an die Tür.
Draußen steht der Fuchs.

»Ich dachte, ich besuche dich mal, vielleicht ist es dir alleine auch so langweilig. Damit es richtig gemütlich wird und wir uns eine warme Suppe kochen können, habe ich ein paar Scheite Holz mitgebracht.«
Leopold freut sich sehr.

Gerade als sie anfangen, das Holz im Ofen anzuzünden, klopft es wieder an die Tür.

»Darf ich ein wenig bei euch bleiben?« fragt der quergestreifte Panther, »ich erzähle euch auch eine Geschichte, und ein bißchen Holz habe ich auch gleich mitgebracht und draußen vor die Tür gelegt.«

Sie setzen sich alle drei um den Tisch, und der quergestreifte Panther will gerade mit seiner Geschichte beginnen, da klopft es erneut an die Tür, und herein kommt der Bär.

»Ich hab' gesehen, wie der Fuchs und der quergestreifte Panther zu dir gelaufen sind, und da wollte ich auch nicht alleine bleiben. Aus meinem Vorrat habe ich dir ein Bündel Holz mitgebracht. Und jetzt, wo wir alle so schön zusammen sind, könntest du uns eigentlich etwas vorzaubern, Leopold.«
»Aber ich habe doch schon gezaubert, Bär«, antwortet das Schlitzohr Leopold. »Obwohl ich den ganzen Sommer über kein Holz gesammelt habe, haben wir eine warme Stube und eine heiße Suppe.«
Da müssen alle lachen, und Leopold ist doch sehr froh, so gute Freunde zu haben.

Es wurde dann noch ein wirklich schöner Abend. Zusammen aßen sie die gute heiße Suppe, und dann begann der quergestreifte Panther eine spannende Geschichte zu erzählen ...

WEIT HINTEN IM TAL, AM FUßE DES GROßEN BERGES...

Rückgabe bis			
17. 10. 00			
02. 01. 00			
20. 11. 01			
30. 11. 03			
25. 01. 04			
16. 1. 04			
08. 09. 05			
13. 12. 05			
04. 05. 06			
05. MAI 2011			

Kein Antolin-Buch